GRAND THÉATRE MÉCANIQUE.

REPRÉSENTATION
DE

LA NAISSANCE
DE

N. S. JÉSUS-CHRIST.

Adoration des Bergers. — Noëls.

Par A. BARTRO
POUR SES ENFANTS.

Montpellier,
IMPRIMERIE DE X. JULLIEN, MARCHÉ-AUX-FLEURS.
1851.

Grand Théatre Mécanique.

GRAND THÉATRE MÉCANIQUE.

REPRÉSENTATION

DE

LA NAISSANCE

DE

N. S. JÉSUS-CHRIST.

Adoration des Bergers. — Noëls.

—

Par A. BARTRO.

POUR SES ENFANTS.

Montpellier,

IMPRIMERIE DE X. JULLIEN, MARCHÉ-AUX-FLEURS.

1851.

REPRÉSENTATION

DE LA

NAISSANCE DE N. S. JÉSUS-CHIST.

La scène représente la campagne divisée en trois plans.

Au premier, à gauche, on voit le gîte pittoresque où Jésus prend naissance ; à droite est un autre gîte qui, lié au premier par un toît en chaume, forme un encadrement au paysage.

Au deuxième plan est un chemin à travers les montagnes, chemin coupé par un torrent provenant d'une cascade du fond. On voit sur cette partie des hameaux, des bergeries, des arbres, etc.

Au troisième plan figurent des montagnes de neige, un chemin qui les traversent, etc...

DEBUT :

(Le tonnerre gronde, l'orage s'avance.)

LE BUCHERON, sur l'arbre.

Le ciel là-bas n'est pas beau,
Il nous menace d'orage,
Faisons de bois un fardeau
Pour nous chauffer au hameau.
Allons prenons courage,
Mettons nous à l'ouvrage;
Portons, portons sur ce vieux tronc
Le fer tranchant du bucheron.
Courage, courage, courage, courage.
Sous mes coups tu frémiras,
J'abattrai ton front superbe,
A mes pieds tu tomberas
Sous les efforts de mon bras.
Courage, courage, courage, courage.

Il tombe, on l'emporte.

LE PORTEUR.

Allons compère François,
Il faudra couper la jambe
Et la remplacer, je crois,
Par une jambe de bois.

LE BERGER, ramenant une Vache.

(Air : *Montagnes Pyrénées*)

Échos de la montagne
Apaisez vos cent voix ,
Au Berger en campagne
Epargnez vos effrois.
O Dieu détournez du village,
Les coups menaçants de l'orage.
O Dieu sauveur (bis) préservez-nous,
Préservez-nous (bis) du céleste courroux.
Sur ces monts le tonnerre
Frappe à coups redoublés,
Il enflamme la terre
A mes regards troublés,

Elle s'avance la tempête
Grondant déjà sur ma tête
O Dieu sauveur, etc....

La Sainte Famille.

St. JOSEPH, au 2.me plan.

Dieu protégez nos pas dans cette nuit obscure.
Détournez de nos fronts l'orage menaçant,
Ou daignez nous ouvrir une retraite sûre
A l'abri de la foudre, à l'abri du torrent.

Bénissons le Très-Haut dont la main secourable
Nous conduit sous ce mur des siècles respecté ;
Ce n'est point un hôtel, c'est une vieille étable,
Offrant aux malheureux l'humble hospitalité.

Au 1.er plan.--Il frappe à la porte.

O! du logis, de grâce
Abrégez les moments,
Pourriez-vous donner place
A deux pauvres passants.

La foudre sur leur tête
Bientôt éclatera,
Protégez leur retraite
Et Dieu vous bénira.

LE MAITRE DU LOGIS, caché.

Qui donc à la porte
De ce vieux réduit
Frappe de la sorte
Quand sonne minuit?
Je vais, mon compère,
Sur ton pauvre dos,
Bacler ton affaire
A coups de sabots,
Sur l'air du tra la la la...

LA Ste VIERGE.

Que ma voix suppliante
Désarme vos rigueurs;
Cette voix expirante
Vous porte mes douleurs.

Accueillez la prière
De qui vous tend les mains ;
C'est dans mon sein de mère
Qu'est le sort des humains.

Le MAITRE DU LOGIS, à la fenêtre.

Prière de femme
A tant de douceur !
Elle touche l'âme
D'un trait séducteur.
Pour vous, plus aimable,
Je vais cette nuit
Ouvrir mon étable,
Où Dieu vous conduit
Sur l'air du tra la la la...

Il paraît sur le seuil de la porte.

Entrez, entrez vite,
Mes bons étrangers,
Entrez dans ce gîte
De pauvres bergers,

Un bon lit de paille
Nous vous donnerons,
Votre âne qui braille
Nous l'étrillerons,
Sur l'air du tra la la la....

La S.te Famille entre. — L'Orage éclate.

LE DOUANIER, au 2.me plan.

(Air : *Bagnères séjour de plaisir.*)

Pauvre Douanier, blanchi dans ma carrière
A mon bivouac la nuit me voit encor,
Mon œil au guet tourné vers la frontière,
Veille toujours quand la nature dort.
Tout ruisselant au milieu des nuages,
Plus près de Dieu, je le vois, de sa main,
Précipiter la foudre et les orages,
Sans m'émouvoir je passe mon chemin.

Au 1.er plan.

Un ouragan éclate dans l'espace,
Et sa fureur fait frémir l'Univers.

Tout fuit d'ici, seul je reste sur place,
Sous le torrent et le feu des enfers ;
Mais une peur, une peur étrangère,
Vient offenser d'un soldat la fierté,
Je tremble hélas ! quel est donc ce mystère
Qui du Très-Haut cache la volonté.

UN ANGE, passant.

Bergers sortez, voyez quelle lumière,
Quelle splendeur s'offre à l'œil étonné ;
D'un grand éclat le ciel couvre la terre,
Dans ce logis un Dieu sauveur est né.
Sortez, bergers, quittez votre village,
Empressez-vous au tour de son berceau,
De votre cœur allez lui faire hommage,
C'est pour Jésus le présent le plus beau,

On entend un air de trompette.

LE DOUANIER.

Du haut des cieux retentit la trompette,
C'est du trépas le signe précurseur,

Ces monts altiers défiant la tempête,
Vont s'écrouler sous le feu destructeur,
Mais une voix qui commande au tonnerre,
Vient rassurer le trouble de mes sens,
Elle nous dit qu'un Dieu sur cette terre,
Est descendu pour bénir ses enfants.

1.er BERGER, à la fenêtre.

Qui, la nuit à ma chaumière
Vient faire charivari,
Quand je ferme ma paupière
Et mes contrevents aussi,
Tu tapages à ma porte
Par un bruit de loup-garou,
Si le diable ne m'emporte
Je vais te casser le cou.

2.me BERGER, à la fenêtre.

Vil précurseur de tempête
Infâme pertubateur,

Ne viens point casser ma tête
Ni provoquer ma fureur
Sur son grabat de fougère
Laisse l'esclave des champs,
Ne rit point de sa misère
Ailleurs va braver les gens.

3.me BERGER, à la fenêtre.

Quel est ce gueulard maudit
Qui me fait sauter du lit,
Attends, petit loup-garou,
Je vais te donner un sou.

Quel est donc (bis.)
Cet infâme carillon,
Quel est donc (bis.)
Ce tapage de démon.

C'est-il un de ces criards
De ces gueux de savoyards ?

Mon oreille avec horreur.
Croit entendre un ramoneur.
Quel est donc, etc....

Serait-il ce scélérat
D'estamaïré, estabrasa,
Va-t-il finir sa chanson
Et blanchir mon vieux chaudron ?
Quel est donc, etc....

UN ANGE.

Bergers réveillez-vous, le fils du Créateur
Est descendu des cieux pour vous rendre au bonheur
Bergers levez-vous au plus vite,
Allez adorer votre Dieu,
Sa voix par ma voix vous invite,
Allez, il est né dans ce lieu.

LE BERGER.

Il nous dit que dans ce lieu
Vient de naître un petit Dieu,

Nous prend-il pour des nigauds
Ou bien pour des bouzigauds ?
Quel est donc, etc. . .

S'adressant à son voisin.

Dis-moi, Gros-Jean, mon voisin,
Qui fait sonner le tocsin ?
Je n'entends rien à ce bruit
Qu'on vient nous faire à minuit !
Quel est donc, etc. . .

LE VOISIN.

S'il faut en croire mes yeux
Un enfant mystérieux
Vient à l'heure de minuit
De naître dans mon réduit.

Le piston (bis.)
L'annonce dans le vallon,
Le piston (bis.)
L'annonce à tout le canton.

LE BERGER, s'apprêtant à sortir.

De mon grand-père Thomas
Mettons l'honorable frac,
Puis, prompt comme un lavement,
Allons voir ce bel enfant,
Au berceau, (bis)
Sur la paille du troupeau,
Au berceau, (bis.)
Comme un pauvre pastoureau.

à l'Adoration.

Enfant Jésus me voici
Avec ma compagne aussi,
Pour vous demander en don
De nos péchés le pardon!
Bon Jésus, (bis.)
Du passé ne parlons plus,
Bon Jésus, (bis.)
Aidez-nous de vos vertus.

LE MAGISTER, à l'Adoration.

Pardonnez, ô Seigneur,
Pardonnez sans scrupules,
Un malheureux pécheur
Né de mauvaise humeur

Sur Jean, Paul, Pierre, Jules,
J'ai cassé mes férules,
Sur tant d'autres gamins
J'ai trop, Seigneur, porté les mains.
Oserai-je approcher
Du Dieu plein de clémence,
Irai-je me cacher
Seigneur sans vous toucher ;
O bénissez ma science
Donnez-moi la patience,
Ardent à vous servir
Pour vous, Jésus, je veux mourir.

LE CHASSEUR.

Pour faire à Jésus notre offrande,
Tirons sur ce petit pinçon,
Tonton, tontaine, tonton,

Mon offre n'est certes pas grande ;
Mais Dieu connait l'intention,
Tonton, tontaine, tonton.

De la pauvre petite bête,
Au nouveau né je ferais don,
Tonton, etc.

Qu'à tirer, enfin, je m'apprête,
Que je descende l'oisillon,
Tonton, etc.

Il tire et manque.

Je vois échapper la fortune
En mire au bout de mon canon,
Tonton, etc
Comme moi, qui vise à la lune
Jette au vent sa poudre et son plomb ?
Tonton, etc.

LE BERGER ET L'AGNEAU, au 2.me Plan.

(Air : *Il était un petit homme.*)

Allons vite en campagne
Le plus beau des agneaux
Sur le dos,
Et quittons la montagne,
Plus prompt que les échos,
En trois sauts
Franchissons les coteaux,
Compères Bouzigauds,
Vite, Allons voir (bis) Jésus dans ses maillots

Au 1.er plan

O mon auguste maître,
Acceptez cet agneau

Du troupeau,
vec la façon d'être
)'un mauvais buveur d'eau
Sans cerveau.
Excusez le cadeau
Du pauvre pastoureau
Qui vient bénir (bis) Jésus à son berceau.

LA NOURRICE, au 2.me Plan.

Vite, vite mettons-nous
En frais de voyage,
Et mettons tous les bijoux
De mon mariage.
Allons offrir au bambin
Le lait de mon jeune sein,
Et de beaux maillots,
Et de beaux manteaux ;
Des bonnets les plus beaux
Et des chemisettes
Toutes joliettes.

Au 1.er Plan.

Qui de ce petit garçon
Sera la nourrice ?
Je vais aller sans façon

En prendre l'office
Allons offrir, etc.

A l'Adoration.

Pardonnez-moi, s'il vous plaît,
L'ardeur de vous plaire,
Je vous apporte le lait
D'une tendre mère.
Acceptez, enfant divin,
Le lait de mon jeune sein,
Et de beaux maillots, etc.

LE CHASSEUR, au 3.me Plan.

Pourquoi sur la montagne
Trembler comme un poulet
Et battre la campagne
De me voir tout seulet ?
Qu'est-ce donc tout ceci, qui cause ainsi ma peine,
Qu'ai-je peur des larrons, dondons,
L'or ne me pèse pas, lanla,
Descendons dans la plaine.

Au 2.me Plan.

Allons voir à la crèche
Jésus, notre Sauveur,
Né sur la paille fraîche

Comme un pauvre pasteur.
Vite, quittons ce lieu, mettons-nous en voyage,
Laissons-là nos moutons, dondons,
Le chien les gardera, lanla,
Allons lui rendre hommage.

A l'Adoration.

Mon Dieu, mon tendre père,
De grâce excusez-nous,
C'est un chamois, péchère,
Qui vient s'offrir à vous,
Mon cœur brûlant d'amour, vous aimant de toute âme
A vos pieds si mignons, dondons,
Tout berger brûlera, lanla,
De la plus vive flamme.

LE BASQUE ET LA BASQUAISE.

DUO.

Air : *Pauvre enfant, sèche tes larmes.*

Les cieux s'ouvrent sur ma tête
A mon regard étonné,
Une voix d'ange répète
Qu'un Dieu parmi nous est né;
Tout dit ici sa présence,
Elle s'annonce en tous lieux

Sur terre et dans l'espace immense,
Où brillent ces corps lumineux,
Le voilà sur la litière
Chauffé par deux animaux ;
Le voilà dans la poussière
De nos modestes troupeaux,
Lui, le maître du tonnerre,
Lui, le Dieu de l'Univers !
Mais il descend sur cette terre
Pour nous montrer les Cieux ouverts.

LE BAGNÈRAIS ET LA BAGNÈRAISE, au 2me Plan.

LE BAGNÈRAIS.

Quelle magnificence !
Sous cette voûte immense,
Où brille la puissance
D'un divin Créateur.

LA BAGNÈRAISE.

Sous ces flots de lumière
Éclairant la frontière,
Quittons notre chaumière ;
Allons voir le Sauveur.

LE BAGNÈRAIS.

Ce spectacle révèle

A toute âme rebelle
La présence réelle
D'un immortel auteur.

LA BAGNERAISE.

Le voilà ce génie,
Parmi nous prenant vie,
Pour confondre l'impie,
Et sauver le pécheur.

Ensemble.

O Dieu plein de clémence,
Préservez-nous d'offense,
Rendez-nous l'innocence,
Et le parfait bonheur.

LE BERGER, chargé d'un fagot.

Air : *Cinq sous, etc.*

Allons vite un beau fagot
Et courons malgré l'orage,
Chauffer le petit visage
De Jésus dans son maillot.
Joli (bis)
Le bambin qui vient de naître,
Joli (bis.)
L'enfant Jésus que voici.

Qu'il me tarde d'arriver
Avec ma charge si lourde
Si je ne vide ma gourde
De ce coup je vais crever!
Joli (bis)
Petit Jésus me voici
Chargé comme une bourrique,
Comme d'amour je me pique
J'apporte ce fagot-ci
Joli
Au feu de ce tas de bois.
Seigneur chauffez vos menottes
Vos petits pieds et vos côtes,
Et votre joli minois.
Joli

---

le MEUNIER, sur son âneau, 2, me plan.

Vive, vive le meunier,
Son moulin et sa farine,
Son cousin le pâtissier
Sans lui ferait triste mine,
Boulanger à son pétrain,
Ferait museau de bourrique,

Le mitron serait sans pain,
Il en aurait la colique.
Tra la, la la . . . .

A l'Adoration.

Seigneur, voici le meûnier,
Avec tout son équipage,
Le meilleur de son grenier
Il vous apporte en hommage,
Aussi j'offre à mon seigneur
Mon caban, vieux couvre échine,
Mon baudet, vieux serviteur,
Le tout poudré de farine.
Tra la, la la . . . .

LE MONTAGNARD et L'Ours, au 2.me Plan.

Allons Martin
Bâton en main,
Le temps s'écoule vite,
Coups d'escarpin
Filons chemin
Approchons de ce gîte,
Où l'enfant Dieu, notre Sauveur,
Est né dans la misère,

Nous ferons voir à Monseigneur
Tout notre savoir faire.

Au 1.er Plan.

Nous voici donc
Au pied du mont
Qui jadis t'a vu naître,
Tu vas danser,
Sauter, valser,
Au tambour de ton maître;
Allons debout
Droit sur le bout
Du long bâton sévère,
Puis la polka
Tu danseras
Comme faisait ton père.
Encore un tour
Mon bel amour
Pour messieurs du village,
Et puis il faut,
Grand saligaud,
Te raser le visage,
Pour faire à Dieu,
Né dans ce lieu,

La belle révérence,
Que le bâton,
Sur le bon ton,
Apprit à ton enfance.
A ces beaux lieux
Fais tes adieux,
Remettons-nous en ronde,
Toujours joyeux
Comme Mayeux,
Faisons le tour du monde;
Le reste ira
Comme il pourra,
Pourvu que la campagne,
Nous donne enfin
Un peu de pain
Pour vivre à la montagne.

LA BOHÉMIENNE

Dormez, dormez beau bambin,
Roi divin,
Dormez en paix sur ce foin,
Fermez, fermez la paupière,
Roi des cieux,

Dans ces lieux
Sur la litière!
Quoi ! déjà, divin enfant,
Si souffrant,
Sur le grabat indigent,
A peine votre paupière,
Roi des cieux,
Dans ces lieux
Voit la lumière.

Dans ce monde de douleur,
Mon Sauveur,
Tout doit vous être malheur ;
Dormez en paix, ô tendresse,
Roi des cieux,
Dans ces lieux
Pleins d'allégresse.

O Dieu qu'adorent nos cœurs,
Que de pleurs,
Restez parmi ces pasteurs ;
Que votre douleur soit sur terre,
Roi des cieux,
Dans ces lieux
Vous soit légère.

LE MARCHAND D'ALLUMETTES.

Qui veut, qui veut, pour de l'argent,
De mes allumettes
Pour allumer à l'instant,
La chandelle et le sarment,
Faites vos emplettes
Et payez comptant.
Deux gros paquets je vends un sou,
Garçons et fillettes
Pour éviter le caillou,
Qui vous casserait le cou,
Prenez allumettes.
Deux paquets un sou,
Enfant Jésus, le père Angot.
Soufflant l'air de bise,
Vient nous offrir au galop
D'allumettes un kilog.
Que Dieu le bénisse,
Le vieux père Angot.

LE PÈRE ÉTERNEL, dans des nuages brillants.

Mortels que j'ai créés parce que je vous aime
Du céleste séjour je descends parmi vous ;
C'est l'esprit consolant, c'est la bonté suprême,
Qui vient vous assurer l'avenir le plus doux.
Mon fils nait sous le chaume, au sein de la misère
Il vous ouvre par là le chemin de douleur ;

Martyr, il versera son sang sur le calvaire,
Et ce sang précieux fera votre bonheur.

Sanctifiez ce jour où mon fils prend naissance ;
Il prêchera d'exemple, et soumis à sa loi
Vous marcherez, heureux de votre obéissance,
Dans le sentier ouvert qui conduit jusqu'à moi

O vous que je chéris, habitants de ce monde
Regardez à vos pieds, au ciel levez les yeux ;
Voyez ce vide immense où le tonnerre gronde;
Tous ces corps infinis scintillants dans les cieux.

Ces œuvres de ma main vous cachent un mystère,
Qui doit vous révéler un immortel auteur ;
Recevez aujourd'hui, de ce généreux père,
La bénédiction, et paix à votre cœur.

Adoration.

Air *De Notre-Dame du Mont-Carmel.*

De ce grand jour conservons la mémoire :
L'Etre Suprême apparait en ces lieux,
Oui, le voilà, resplendissant de gloire,
Le Créateur de la terre et des cieux,
A vos genoux, O magnanime père,
Nous supplions vos bienfaits paternels,
Daignez bénir la fervente prière,
De vos enfants aux pieds de vos autels.

Quoi ! de plus beau qu'ici votre présence ;
Quoi ! de plus grand que l'œuvre de vos mains,
Tout est marqué du sceau de la puissance,
Qui vous révèle aux regards des humains.

Votre bonté protège la nature,
Elle conduit les astres dans les cieux,
Dieu, conduisez votre progéniture,
Et comblez-la de vos dons précieux.

LES MAGES, au 2.me Plan.

Marchons à Bethléem, vers ces nouveaux climats,
Dieu de qui tout émane, accompagne nos pas.
Vous, flambeaux appendus sous la céleste voûte,
Dissipez le nuage, éclairez notre route ;
Et toi, Reine des nuits, aux Rois de l'Orient,
Montre ton front divin où brille le croissant,
Précède, dans ces monts, notre marche ignorante.

UN ANGE.

Suivez, Princes, suivez cette étoile brillante :
Le ciel pour vous guider sur vos pas l'envoya,
Au berceau de Jésus elle vous conduira.

LES MAGES *à l'Adoration.*

Des empires lointains, nous sommes les Rois Mages
Qui venons, empressés, t'apporter nos hommages
Faisant acte à tes pieds d'humble soumission,
Nous t'offrons l'or, le myrrhe et l'encens de Sion,
Aux yeux de l'Univers, que ta bonté protège,
Nous venons en sujets te faire ici cortège ;
Courber avec respect nos fronts de souverains,
Et demander, Seigneur, à te baiser les mains.

FIN

www.ingramcontent.com/pod-product-compliance
Ingram Content Group UK Ltd.
Pitfield, Milton Keynes, MK11 3LW, UK
UKHW021043220726
13924UKWH00001B/498